Un petit cadeau pour

De la part de

Autres livres de cette collection:

Un sacré parcours de golf
Rire et sourire aux grands dîners
Un ramassis de blagues salées
On s'éclate en faisant du sport
La loi de Madame Murphy
Big fou rire pour les Kids
On n'a pas tous les jours 30 ans
Rire et sourire à 40 ans
La vie est belle à 50 ans
Tous fous à 60 ans

13, rue de Genval B - 1301 Bierges
Tél.: +32.2. 654 05 02 Fax : +32.2. 652 18 34

Un livre-cadeau Helen Exley © 2001 illustré par Rowan Barney-Murphy © 1998
Pour l'édition française: Brigitte Arnaud, Lise-Eliane Pomier et Bernadette Thom
12 11 10 9 8 7 6 5 4
D 7003/2002/37 ISBN 2-87388-288-3
Imprimé en Chine

LA CRISE DE LA QUARANTAINE ?

EXLEY
PARIS · LONDRES

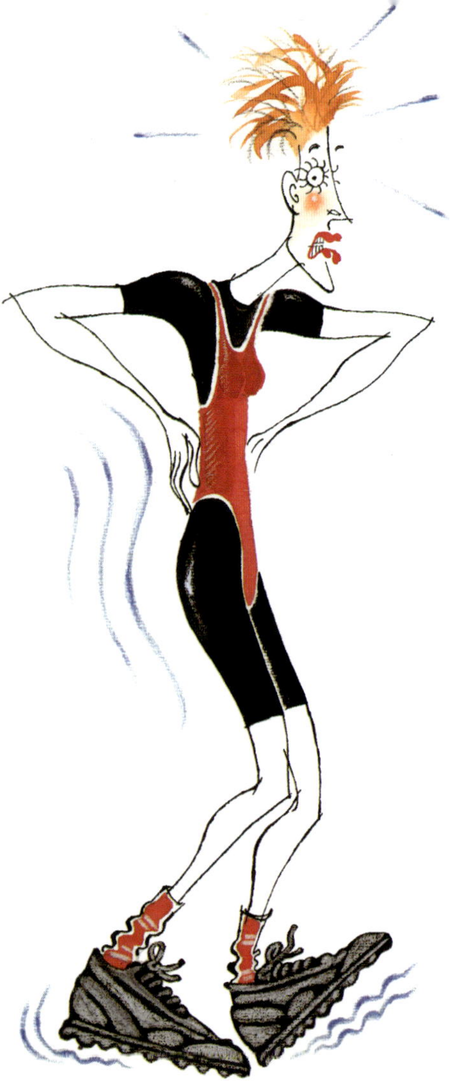

Vieillir, c'est s'apercevoir
que nos gestes font
plus de bruit que nos paroles.

MILTON BERLE

Quand on est vieux, les os craquent,
les genoux tremblent et les dents
tombent.

ADRIEN T. 10 ans

ON COMPREND QU'ON VIEILLIT
QUAND TOUT FAIT MAL, ET QUE, QUAND CA
NE FAIT PAS MAL, C'EST QUE CA NE
MARCHE PAS.

BOB HOPE

Prendr

c'es

est peut-être le sig

le l'âge,
omprendre que
toute sensation
nouvelle...

vant-coureur d'une maladie.

LAURENCE PETER "Symptômes et remèdes"

Il y a trois signes
de vieillissement :
les trous de mémoire et...
deux autres que j'ai oubliés !

Red Skelton

Autrefois, j'étais indécis…
mais maintenant, je ne suis
plus très sûr…

BOSCOE PERTWEE

A mon âge, si mon esprit
vagabonde, peu m'importe,
du moment qu'il est capable
de retrouver le chemin
du retour.

MILKE KNOWLES

On sait qu'on vieillit quand les bougies coûtent plus cher que le gâteau.

Bob Hope

Quand tu es vieux et que tu fêtes ton anniversaire, tes amis frappent leur verre l'un contre l'autre, ils poussent des cris de joie, et ça te donne mal à la tête.

PHILIPPE B., 8 ANS

Imagine, si tu pouvais claquer des doigts pour choisir la date de ton anniversaire, et que ton âge ne change plus jamais ! SUPER !... Mais bon, faut pas rêver, parce qu'avec ton arthrite, tu pourras même pas bouger tes doigts !

SUZANNE C., 12 ANS

J'ai tout ce que j'avais
il y a vingt ans...
Juste un cran en-dessous.

Loïs L. Kaufman

Que la vieillesse est
donc un meuble
inconfortable !

COLETTE

L'âge mûr, c'est quand
votre femme
vous dit : " Rentre ton ventre "
alors que c'est déjà fait !

JACK BARRY

Si je pouvais recommencer ma vie

Je referais les mêmes erreurs...
mais beaucoup plus tôt

TALLULAH BANKHEAD

Peu de gens savent être vieux.

LA ROCHEFOUCAULD

Toutes les choses que j'aime
sont interdites, par la morale,
par la loi
ou par mon régime.

ALEXANDER WOOLCOTT

Si vous êtes assez vieux pour
y réfléchir à deux fois, c'est
que vous êtes trop vieux pour
le faire.

GEORGE BURNS

Je suis arrivée à un âge où mes vertèbres ont plus vite fait que moi de sortir du droit chemin.

PHYLLIS DILLER

Vieillir, c'est vouloir se lever pour donner sa place à une dame et s'apercevoir qu'on en est incapable.

SAMMY KAY

J'ai trop duré et trop d'urée.

CURNONSKY

Je fume le cigare parce qu'à mon âge si je ne peux pas m'accrocher à quelque chose, je tombe.

GEORGE BURNS

ON SE PENCHE POUR LACER SES CHAUSSURES
ET ON SE DEMANDE......

CE QU'ON POURRAIT BIEN FAIRE D'AUTRE
POUR RENTABILISER LE VOYAGE!

GEORGE BURNS

Ce chemin qui monte n'était pas là hier, j'en jurerais!

LISA ROCHAMBEAU-LAPIERRE

C'est juste au moment
où vous comprenez que vous
venez de
passer de l'autre côté de la
colline que les freins lâchent!

ANONYME

L'âge mûr, c'est le moment
où celui qui vous conseille
de ralentir n'est plus un agent
de police, mais un médecin.

SIDNEY BRODY

Devenir vieux,
c'est avoir besoin de faire
une pause quand on vient de
lacer ses chaussures.

MIKE KNOWLES

Vous savez que vous êtes
sur la mauvaise pente le jour
où le chien vous
laisse arriver le premier pour
ramasser le bâton.

BILL STOTT

IL Y A TELLEMENT LONGTEMPS
QUE JE N'AI PLUS FAIT L'AMOUR
QUE JE NE SAIS PLUS COMMENT
CELA SE TERMINE.

JOAN RIVERS

On s'aperçoit
qu'on a passé l'âge… quand on
voudrait bien, mais qu'on est bien
trop fatigué.

CHARLOTTE GRANIER

À un certain âge,
quand on fait l'amour,
on devient une vraie bête… un
paresseux, par exemple.

ANNELOU DUPUIS

Chez le quinquagénaire,
ce sont les quinquets qui
commencent à moins bien fonctionner.
Chez le sexagénaire…

JEAN SAUTERON

L'âge mûr? C'est le moment où on achète une chemise de nuit transparente, et où on se souvient brusquement qu'il n'y a plus personne pour regarder au travers.

BETTE DAVIS

Si jeunesse savait,
si vieillesse pouvait.

HENRI ESTIENNE

Pour bien jouer la comédie, il faut savoir rire et pleurer à la demande. Lorsque j'ai besoin de pleurer, je pense à ma vie sexuelle. Lorsque j'ai besoin de rire, je pense à ma vie sexuelle.

GLENDA JACKSON

Éviter la tentation ? Ne t'inquiète pas ! Quand tu seras vieux, c'est la tentation qui t'évitera !

JOEY ADAMS

Après trente ans, le corps en fait à sa guise.

BETTE MIDLER

Je ne pèse pas un gramme de plus que lorsque j'avais vingt-cinq ans. L'ennui, c'est que 30 % de mon poids se concentre au même endroit !

BILL STOTT

Plus on est vieux, plus il est difficile de perdre du poids, parce que le corps a fait ami-ami avec sa graisse.

LYNN ALPERN ET ESTHER BLUMENFELD

Difficile de garder l'âme d'un violon...

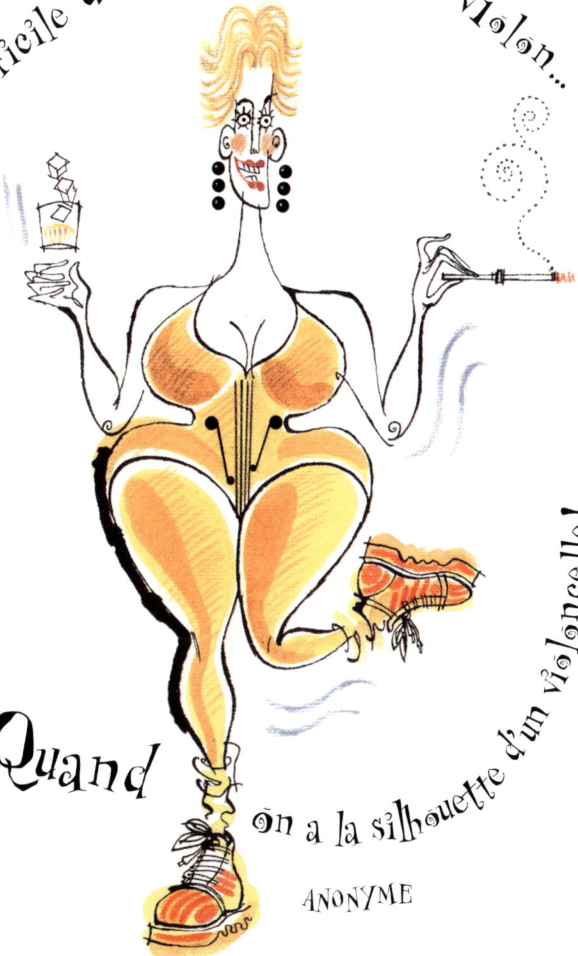

Quand on a la silhouette d'un violoncelle!

ANONYME

CHAQUE FOIS QUE J'AI ENVIE
DE FAIRE DU SPORT,
JE M'ALLONGE UN MOMENT ET
J'ATTENDS QUE ÇA PASSE.

ROBERT HUTCHINS

La première partie de la vie
se passe à désirer la seconde.
La seconde à regretter la première.

ALPHONSE KARR

Vieillir, c'est ne plus s'entraîner
à rien d'autre qu'à la discrétion.

LAURENCE PETER

Je vais renoncer à picoler,
à faire l'amour, à bâfrer, à faire
la fête, à me coucher tard, etc...
dès mon prochain anniversaire,
promis !

SÉBASTIEN FORESTIER

Le seul moyen de rester en bonne santé est de manger ce qui ne vous tente pas, de boire ce que vous n'aimez pas et de faire ce que vous choisiriez spontanément de ne pas faire.

MARK TWAIN

Surtout, ne mangez pas bio !

Vous avez plus
que jamais besoin
de colorants et
de conservateurs !

ANONYME

POURQUOI DE L'EXERCICE ?

Quand on va bien, c'est inutile...
Quand on est malade, c'est dangereux!

HENRY FORD

Se lever tôt et se coucher tôt
Apporte la santé, la fortune et la mort.

JAMES THURBER

Maintenant que j'ai dépassé la
cinquantaine, le médecin me conseille de
sortir, de prendre l'air
et de faire de l'exercice.
Ce à quoi je réponds : "D'accord,
je roulerai les vitres baissées."

ANGUS WALKER

ON SAIT QU'ON EST SUR LA MAUVAISE PENTE QUAND ON SE SENT BARBOUILLÉ COMME UN LENDEMAIN DE FÊTE, ET QU'ON EST ABSOLUMENT SÛR DE NE PAS AVOIR FAIT LA FÊTE.

LAURENCE J. PETER

Je ne me sens pas vieux.
En fait, je ne sens rien du tout avant midi.
Après quoi, il est l'heure de ma sieste.

BOB HOPE

Les jeunes ont les yeux braqués vers l'avenir,
les vieux ont les yeux tournés vers le passé.
Entre les deux, on a juste les yeux battus.

DEBBIE HANSEN

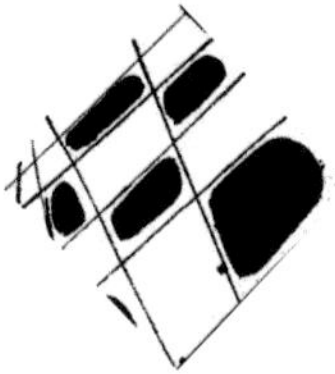

ON SE SENT VIEILLIR
QUAND ON TROUVE LES SOUPERS
AUX CHANDELLES
MOINS ROMANTIQUES... PARCE QU'ON A
DU MAL À LIRE LE MENU !

LOÏS KAUFMAN

En prenant de l'âge, on choisit
un éclairage tamisé pour des raisons
économiques et non plus romantiques.

JOHN MARINO

ON SAIT QU'ON VIEILLIT QUAND TOUT CE QU'ON SOUHAITE, C'EST UNE SOIRÉE TRANQUILLE AU COIN DU FEU.

ANNELOU DUPUIS

Maintenant que j'ai les moyens de m'offrir une grande maison, je n'ai même plus la force de faire le ménage.

DENISE TIFFANY

On s'aperçoit qu'on a pris de l'âge lorsque, confrontée à une robe sublime, on se surprend à lire l'étiquette et à se dire qu'on ferait mieux de faire réparer la gouttière.

ODILE DORMEUIL

JE SUIS COMME LE BON VIN JE M'AMÉLIORE !

LU SUR UN TEE-SHIRT

On comprend qu'on a vieilli quand une diseuse de bonne aventure propose de vous lire les lignes du visage.

J. P. N.

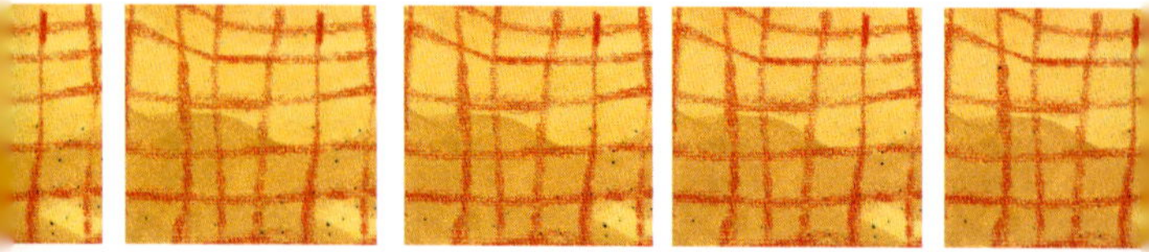

Vieillir, c'est se faire des cheveux blancs parce qu'on s'inquiète d'avoir pris des rides.

ODILE DORMEUIL

J'ai revu un ami l'autre jour. Il avait tellement changé qu'il ne m'a pas reconnu.

TRISTAN BERNARD

Ce qui peut arriver de mieux à un couple marié depuis cinquante ans ou plus, c'est de devenir myopes tous les deux.

LINDA FITERMAN

ON N'EST JAMAIS TROP VIEUX POUR RAJEUNIR.

MAE WEST

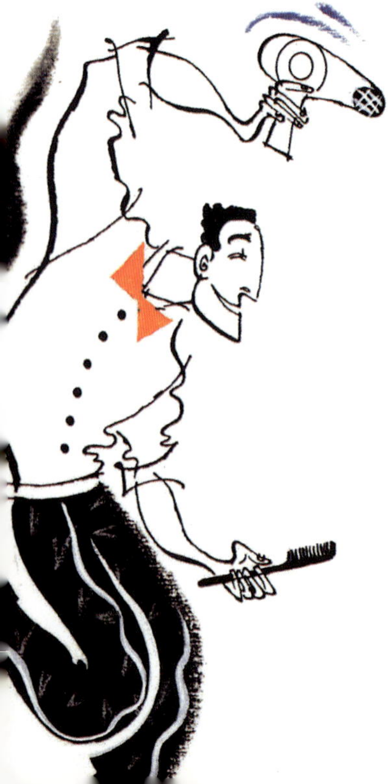

Vieillir,
c'est quand
vos cheveux
passent de
gris à noir.

ANONYME

Vieillir, c'est ne plus peigner ses cheveux vers l'arrière, mais les ramener vers l'avant ou d'une oreille à l'autre.

ROBERT CREVIER

Votre médecin, votre dentiste, votre chirurgien plastique et votre esthéticienne sablent le champagne à chacun de vos anniversaires.

MARION GARRETTY

Quand j'avais vingt ans, j'étais prêt
à sortir en moins de temps qu'il
n'en faut pour le dire.
Maintenant que j'en ai quarante,
l'opération prend deux heures.
Quand j'aurai quatre-vingts ans,
ce ne sera même plus la peine de sortir.

BILL STOTT

LE SECRET DE LA JEUNESSE : vivre sagement, manger lentement, dormir suffisamment, travailler consciencieusement, prier dévotement...

et surtout... ne jamais dire son âge !

LUCILLE BALL

Permettez-moi de rétablir
la vérité : j'ai quarante-six ans.
Et cela depuis plusieurs années.

ERICA JONG

Il est difficile de faire entrer
une femme dans la
quarantième année. Et plus
difficile encore de l'en faire sortir.

ANDRÉ ROUSSIN

Un diplomate est un homme
qui se souvient
toujours de l'anniversaire
d'une femme, mais jamais
de son âge.

ROBERT FROST

Personne n'est jeune
à quarante ans,
mais on peut être irrésistible
à tout âge.

COCO CHANEL

Enfance : période de la vie
où on se regarde dans une glace
pour se faire des grimaces.
Âge mûr : période de la vie
où le miroir se venge.

MICKEY MANSFIELD

Vous avez trois âges dans la vie :
la jeunesse, l'âge mûr et celui où on
vous dit que vous avez bonne mine.

MGR MARTY

À vingt ans, on se moque de ce
que le monde pense de nous;
à trente ans, on commence à
s'inquiéter de ce qu'il pense de nous;
à quarante ans, on comprend qu'il s'en
fiche comme d'une guigne.

L.C.

Je ne sais pas ce que vous pensez
de la vieillesse. Pour ma part, je ne
l'ai même pas vue venir.
J'ai été frappée par-derrière.

PHYLLIS DILLER

LES PLUS BELLES MUSIQUES

SONT JOUÉES SUR LES PLUS VIEUX VIOLONS

SIGMUND ENSE

Cloris à vingt ans était belle
Et veut encore passer pour telle
Bien qu'elle en ait quarante-neuf...
Le Pont-Neuf, dans mille ans,
s'appellera Pont-Neuf.

MATHIEU DE MONTREUIL

On voit bien encore aux tessons ce que fut le pot.

ADAM DE LA HALLE

Faire l'amour avec un homme plus âgé ? Pourquoi pas ? Mais si votre compagnon a eu un accident cardiaque, évitez de faire exploser son pacemaker en murmurant : "C'est peut-être la dernière fois, alors, surpasse-toi !"

PHYLLIS DILLER

Les seules personnes
qui adorent être jeunes sont celles
qui ne le sont plus tout à fait.

LISA ROCHAMBEAU-LAPIERRE

La vieillesse, c'est quand on
commence à se dire :
"Je ne me suis jamais senti
aussi jeune !"

JULES RENARD

- Me donneriez-vous vingt-cinq ans?
- Si j'avais vingt-cinq ans,
je les garderais pour moi!

SACHA GUITRY

Vieillir est un art qui demande beaucoup de temps.

PABLO PICASSO

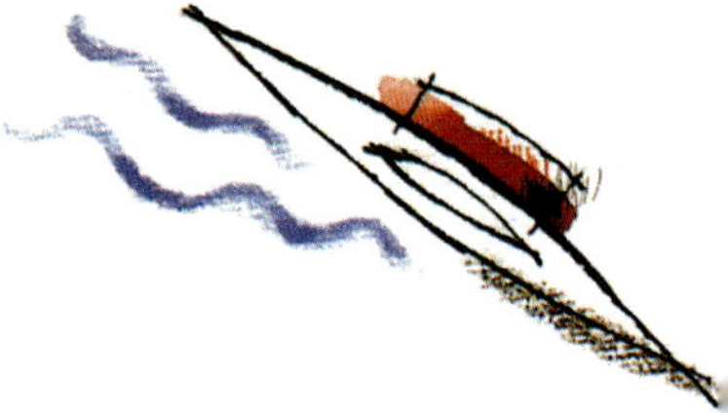

Le temps et les soucis finiront
par avoir raison d'une jeune femme
avisée. Mais aucune force au monde
n'est capable d'abattre une vieille
femme avisée.

DOROTHY SAYERS

Si vous voulez que les choses
soient bien faites, demandez
donc à deux nanas sur le retour de les
prendre en main.

BETTE DAVIS

La vieillesse n'est pas faite
pour les mauviettes.

BETTE DAVIS

Vieillir ? Ce n'est pas important
sauf pour les fromages et les vins.

MADELEINE HENIEZ

Quand quelqu'un me dit,
comme cela m'arrive à peu près
tous les cinq ans : "Quel effet
ça fait d'être passée de l'autre côté ?",
je réponds : "Je vous dirai ça
quand je serai arrivée en haut de la colline".

JOAN BAEZ

Si la cinquantaine vous
donne le bourdon,
dites-vous que ce sera bien
pire dans trente ans.

SÉBASTIEN ET MATHILDE FORESTIER

Haut les cœurs ! Le pire reste à venir.

PHILANDER CHASE JOHNSON

Le pire, dans l'âge mûr,
c'est qu'on sait que
ce n'est jamais que du provisoire.

DORIS DAY

C'est merveilleux, la vieillesse.
Dommage que ça finisse si mal.

FRANÇOIS MAURIAC

Vieillir est à la portée de tout le monde. Il faut juste vivre assez longtemps.

GROUCHO MARX

VIEILLIR, C'EST JUSQU'ICI LE SEUL MOYEN DE NE PAS MOURIR.

SAINTE-BEUVE

Médire des jeunes gens est un devoir
d'hygiène pour leurs aînés,
qui a pour effet d'améliorer
notablement leur circulation sanguine.

LOGAN PEARSALL SMITH

L'âge mûr, c'est le moment où l'on cesse
de critiquer la génération suivante pour
s'attaquer à la génération précédente.

L.C.

On dit que vous perdrez l'esprit en
vieillissant. Ce qu'on ne dit pas,
c'est que cette absence ne vous affectera
pas beaucoup.

MALCOLM COWLEY

Je ne suis pas assez jeune pour tout savoir.

J. M. BARRIE

Quand j'étais jeune, on me disait:
"Vous verrez quand vous aurez
cinquante ans ! "J'ai cinquante ans…
et je n'ai rien vu.

ERIK SATIE

Si nous pouvions négocier notre
expérience en fonction de ce
qu'elle nous a coûté, nous serions tous
millionnaires.

ABIGAIL VAN BUREN

Expérience
est le nom que
l'on donne à
ses erreurs.

OSCAR WILDE

Un jeune imbécile
doit devenir un vieil
imbécile pour comprendre
quel stupide imbécile
il a été quand il
était un jeune imbécile.

HAROLD MACMILLAN

Aucun imbécile n'arrive à la cheville
d'un vieil imbécile :
rien ne remplace l'expérience.

JACOB BRAUDE

On n'est jamais trop vieux
pour se tromper.

HOLBROOK JACKSON

UN MODÈLE DE SAGESSE ?

Vieillir, c'est se regarder dans un miroir et se dire : je suis un modèle de sagesse !

MARCELLA MARKHAM,
"Vieillir, c'est super !"

L'âge mûr, c'est quand on connaît toutes les réponses, mais que personne ne vous pose plus les questions.

BOB PHILLIPS

Vieillir, c'est avoir la tentation
de commencer ses phrases
par "de mon temps "...

ODILE DORMEUIL

On dit que la vie commence
à quarante ans, mais c'est aussi
le cas pour le lumbago,
la vue basse, l'arthrite et
la tendance à raconter la même
histoire, trois fois de suite,
à la même personne.

L. C.

Menu

JE CONTINUE À FAIRE LA COUR AUX JOLIES FILLES... JE NE SAIS PLUS TRÈS BIEN POURQUOI, MAIS JE CONTINUE.

JOE LEWIS

Quand un homme commence à faire attention à l'endroit où il met les pieds, c'est qu'il est trop vieux pour faire un pas.

JOEY ADAMS

À l'âge que j'ai, quand une fille me fait du gringue au cinéma, je sais bien que c'est mon popcorn qui l'intéresse.

MILTON BERLE

D'abord, on oublie les noms, ensuite, on oublie les visages, puis on oublie de refermer sa braguette, puis on oublie de l'ouvrir…

LÉO ROSENBERG

Quel intérêt y a-t-il à attendre quelque chose de la vie, si on ne se rappelle plus quoi ?

A. BRILLIANT

Difficile d'être nostalgique quand on ne se rappelle rien.

ANONYME

On sait qu'on vieillit quand on
essaye d'effacer les plis de
ses chaussettes en tirant
dessus et qu'on
s'aperçoit qu'on n'en porte pas.

LEONARD L. KNOTT

Si Dieu m'avait fait
l'honneur
de me consulter, je lui aurais
conseillé de placer les rides des
femmes sous le talon.

NINON DE LENCLOS.

Ne pensez jamais
à l'avenir. Il viendra
toujours assez tôt.

ALBERT EINSTEIN

Le plus triste,
quand on devient vieux,
c'est qu'on attrape quelquefois
une maladie grave qui ne
peut pas se soigner. Alors le
docteur dit : "On est désolé,
si, si, vraiment
désolé, mais il va falloir qu'on
vous mette dans le trou."

ALEX S., 7 ANS

JE VEUX DIR

C'EST TERRIBLE, L'ÉTERNITÉ.

OMMENT TOUT CELA VA-T-IL FINIR?

TOM STOPPARD

Être vieux n'est pas si mal quand on songe à l'alternative.

MAURICE CHEVALIER.

Mieux vaut une tête chauve que pas de tête du tout.

MAURICE CHEVALIER

Cesse donc de t'inquiéter pour ta santé. Elle ne fera pas long feu.

ROBERT ORBEN

La mort est le meilleur moyen
que la nature ait trouvé pour
nous obliger à ralentir.

GRAFFITI

Tous les matins, je me lève, je mets de l'ordre dans mes idées, je descends chercher le journal et je parcours la rubrique nécrologique. Si mon nom n'y est pas, je sais que je ne suis pas mort; alors, je prends un bon petit-déjeuner et je remonte me coucher.

ANONYME

Il n'y a aucun
remède à la
naissance et à la
mort, sinon
profiter au mieux
du temps qui les
sépare.

GEORGE SANTAYANA

JEUNE... VIEUX

OUT ÇA, C'EST DES MOTS...

GEORGE BURNS

Il faut choisir, dans la vie :
gagner de l'argent ou le dépenser.
On n'a pas le temps de
faire les deux.

ÉDOUARD BOURDET

Ceci est mon testament.
Sain de corps et d'esprit,
j'ai dépensé tout
jusqu'à mon dernier sou.

ANONYME

DM

HELEN EXLEY

Helen Exley recueille et publie
depuis un quart de siècle,
pour son plus grand plaisir
et pour le nôtre,
des bouquets de "petites phrases"
choisies ici et là
dans la littérature ou
dans la vie de tous les jours
pour leur humour, leur
charme ou leur tendresse.

Le soin qu'elle apporte
personnellement à chaque nouveau
titre porte ses fruits: quarante
et un million de livres
ont été achetés depuis
la création
des Éditions Exley en 1976.

On trouve
ces beaux-petits-livres-cadeaux
dans le monde entier,

aussi bien à Beijing
qu'à Istambul, à Helsinki
ou à Rio de Janeiro.

L'adaptation française se fait
en étroite collaboration
avec elle
et avec le souci constant
d'y ajouter le meilleur de ce que
la culture française peut
apporter sur le thème traité.

ROWAN BARNES-MURPHY

Les dessins de
Rowan Barnes-Murphy
sont drôles, incisifs et un peu
déjantés. Ses personnages
pris sur le vif
rencontrent un succès mérité :
on les trouve sur une série de cartes
de vœux ou au détour
de publicités.